SALGSTEKNIK

– SÅ DET ER TIL AT FORSTÅ

Jens Bornø

SALGSTEKNIK
– SÅ DET ER TIL AT FORSTÅ

Skab resultater,
det er stort set det eneste,
du som intern eller ekstern sælger
arbejdsmæssigt bliver målt på.

SALGSTEKNIK – SÅ DET ER TIL AT FORSTÅ

© 2024 – Jens Bornø

Forlag: BoD · Books on Demand GmbH, In de Tarpen 42, 22848 Norderstedt, Tyskland

Tryk: Libri Plureos GmbH, Friedensallee 273, 22763 Hamborg, Tyskland

ISBN 9788743041252

Der er mange måder at fri på, der er også mange måder at sælge på.

Mange kurser og bøger afholdes og skrives i et sprog, så man tror, det er en højere videnskab, men teknikkerne er stort set de samme, som da Ruder Konge var Knægt –

Det vigtigste er, at du forstår teknikkerne, og tilpasser dem til dig selv, så du kan bruge dem i et naturligt samtalesprog.

Salgsforløbet kan opdeles i faser:
1. **Kontaktfasen**
2. **Informationsfasen**
3. **Argumentationsfasen**
4. **Afslutningsfasen**

Kontaktfasen

Kunden skal behandles godt og personligt.

Prøv med et smil – Smilet er den korteste vej mellem to mennesker og når du møder kunden, er det trods alt en kunde der bidrager til din løn.

Er din arbejdsplads bag et skrivebord, så meld dig ud af "skildpaddeklubben" – Hos jer er det ikke noget med, at den der først kigger op har tabt.

Forkert:
"Kan jeg hjælpe med noget?" og "Goddag" er åbningssæt-ninger for ekspedienter.

Rigtigt:
"Goddag, **HVAD** kan jeg hjælpe med?"
Hjælp kunden til at tænke og svare og skab indledningsvis samtalebalance.

Kunden skal kunne se, at du er medarbejder:
Kunde 1: "Goddag, jeg vil gerne se på …"
Kunde 2: "Jeg arbejder ikke her"

Navneskilte:
Et navneskilt viser, at du er personale, og hvem kunden taler med.

Visitkort:
Brug dit visitkort til opfølgning.
Kunden: "Jeg vender lige selv tilbage"
Dig: "Det er du velkommen til, Her er mit kort – Hvis ikke jeg hører fra dig, må jeg så kontakte dig?"
Kunden: "Det er du velkommen til"
Dig: "Hvad er dit navn og telefonnummer?"

Sådan fastholder du kunden, hvis din kollega, der er specialist på området er optaget:

Forkert:
Kunden: "Goddag jeg er interesseret i …"
Dig: "Ja tak, men min kollega der er specialist på dette område, er lige optaget"
Kunden: "Så kommer jeg måske igen senere"

Rigtigt:
Kunden: "Goddag jeg er interesseret i …"
Dig: "Ja tak" – Og så spørger du ind til kundens ønsker, og når din kollega bliver ledig kan du fortsætte: "Min kollega der er specialist på netop dette område er klar nu.– Skal vi ikke lige spørge ham, så vi sikre os, at du får det helt rigtige?"

Telefon betjening:
Når telefonen ringer mere end 3 gange, så vil den der ringer måske tænke: De er nok gået hjem, eller de spiller sikkert kort.

Forkert:
Din kollega betjener en kunde, og telefonen ringer, "Øjeblik siger han, –" og indleder en samtale med den der ringer.
Kunden i telefonen sniger sig ind i køen, og kunden han betjener kan med rette blive knotten.

Rigtigt:
Dig: "Må jeg godt lige tage telefonen for en **kort** bemærkning?"

Kunden forstår, at det ikke bliver en længere samtale, og siger ja.

Dig: Til den der ringer: "Vi er alle lige optaget – Må jeg ikke lige få dit telefonnummer – så ringer jeg tilbage"

Kunden ønsker en vare, du ikke har på lager:

Forkert:
Dig "Varen er desværre udsolgt, men vi kan skaffe den"
Kunden: "Det er pænt af dig, men så kommer jeg lige tilbage. Farvel"

Rigtigt:
Dig: "Varen er desværre udsolgt, men den er bestilt – Hvis jeg må få dit navn og telefon nummer, så ringer jeg, når varen er hjemkommet"

Forskellen på ekspedition og salg:

Ekspedition   Salg

Kunden styrer samtalen   Sælger styrer samtalen

Informationsfasen

Informationsfasen har til formål at give dig information om kundens situation og samtalemæssigt engagere kunden.
En læge spørger og lytter for at finde frem til den rigtige løsning, du skal selvfølgelig gøre det samme.

Aktivt salg:

Din evne som sælger til få kunden til at opleve hvilke fordele han kan opnå med produktet eller ved at være kunde hos dig. Hvad han får for sine penge.

Passivt salg:
Ekspedientens evne til at få kunden til at opleve hvad produktet koster.

Kunden: "Hvad koster den her havetraktor?"
Ekspedienten: "Den koster 12.000, men du kan også få en til 19.000"

Mange tabte ordre skyldes dårlig eller forkert information om kunden.

Det at spørge og lytte er noget af det vigtigste for en sælger, og ved at spørge og lytte skaber du også tillid.

Hvis kunden har større tillid til dig end til din konkurrent, og din pris f.eks. er højere end konkurrentens, er der også større chance for, at kunden sige:
"Varen kan jeg købe billigere et andet sted"

Han vil helst handle med dig, og han giver dig en chance for en forhandling.

Ved passiv lytning giver du ingen information og stiller kun få eller ingen spørgsmål, du afbryder eller du er i dine egne tanker.

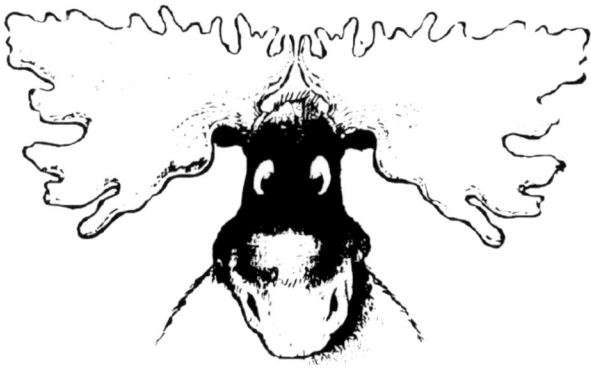

Med aktiv lytning lytter du virkelig til det, der bliver sagt.
Du gentager noget af det, den anden har sagt.
Du stiller uddybende spørgsmål.
Og du aktiverer kunden ved hjælp af spørgsmål.

Stil spørgsmål så du kan finde frem til de rigtige løsninger, og få sikkerhed for, at du har forstået kunden rigtigt.

Når du giver information, kan kunden reagere med et "NÅ"
Dig: "Varen kan også fås i farven rød"
Kunden: "Nå"

Når du stiller spørgsmål, får du kunden til at tænke og svare.
Dig: "Hvilken farve kunne du tænke dig?"

Når du giver information, taler du **til** kunden.

Når du afslutter med et spørgsmål, taler du **med** kunden.

Med spørgsmål styrer du samtalen i den retning du ønsker.

De rigtige Ting = Hvad

Den rigtige Måde = Hvorledes

Den rigtige Orden = Hvordan

Det rigtige Sted = Hvor

Den rigtige Person = Hvem

Den rigtige Tid = Hvornår

Vi tror, vi lytter, men det at lytte kræver træning.

Vigtigheden er ikke at høre, hvad den anden siger, men hvad den anden mener.

Du må ikke hoppe i fru Jensens stol, du bliver så støvet.

Hvem synes du er den vigtigste person i verden?

Hvem tror du, kunden synes, er den vigtigste?

Men mange sælgere har travlt med at fortælle om eget firma, egne produkter og om sig selv.

Du kan også opleve kunder, der gerne vil fortælle om sig selv.
Den meget talende kunde stopper du f.eks. ved at sige: "Du sagde i øvrigt noget interessant"
Så stopper kundens talestrøm, og med hv spørgsmål styrer du samtalen i den retning du ønsker.

Du kan også bruge det privat – De fleste er mere interesseret i at fortælle og tale om sig selv, end at høre om dig.

Eksempel:
Hr. og fru kommer ind i bilforretning:

Forkert:
Ekspedienten: "Goddag. Kan jeg hjælpe med noget?"

Forkert:
Kunden: "Vi er interesseret i en ny bil, men vi ser os lige om i udstillingslokalet"
Ekspedienten: "Det er I velkomne til"
Senere spørger ekspedienten: **"Finder I en model, I kunne tænke jer?"**
Kunden: "Der er mange spændende modeller."
Ekspedienten: "Ja" – Og så begynder han at fremvise og produktbeskrive de forskellige modeller.

Rigtigt:
Sælger: "God dag, **HVAD** kan jeg hjælpe med?"
Kunden: "Vi er interesseret i en ny bil, men vi ser os lige om"
Sælger: "Det er I velkomne til"
Senere henvender sælger sig til køber:
"Hvilken model synes I **bedst om?**"
Sælger får kunden til at tænke positivt.
Kunden: "Vi synes om den og den model, men vi kunne nu godt tænke os metallak"
Sælger for nu mulighed at behandle kundens ønsker og eventuelle indvendinger.
Sælger: "Hvilke krav og ønsker har I til en ny bil?"
Kunden:" Det har vi ikke lige nærmere overvejet"
Sælger: "Hvilken bil har I i dag?"
Kunden: "Det er en ældre Ford Mondeo"
Sælger: "Hvad er årsagen til, at I ønsker den skiftet?"
Kunden: "Den er blevet for dyr i drift og vedligeholdelse"
Sælger: "I lægger altså bl.a. vægt på driftssikkerhed og økonomi?"
Kunden: "Ja, det er vigtigt for os"
Sælger: "Hvornår har I tænkt jer at skifte Mondeoen?"
Kunden: "Inden for en måned eller to"
Sælger: "For at jeg kan finde frem til den bedste løsning, kan I så ikke lige fortælle mig, hvor meget I har tænkt jer at investere i en ny bil?"
Kunden: "Det kommer an på bytteprisen, men vi regner med ca. 350.000"
Sælger:"Jeg skal selvfølgelig se nærmere på jeres Mondeo, men hvis vi kan finde ud af en fornuftig bytteris, kan vi så indgå en aftale?"

Kunden: ”Jo, det kan vi”

Sælger: ”Så vil jeg foreslå, at vi sammen ser på, hvilke to mo-
deller, der bedst opfylder jeres ønsker”

Kunden: ”Ja – Det vil vi gerne”

Argumentationsfasen

Formålet med argumentationsfasen er, at du får kunden til at forstå, opleve og acceptere de fordele og udbyttemuligheder, du kan tilbyde.

Ingen køber egenskaber – alle køber fordele:

Fordele
Så oversæt produktegenskaber til fordele og udbyttemuligheder.
Prøv som rejsebranchen at få kunden til at opleve fordelene i billeder.

Hold det tekniske indhold og fagudtryk i hovedet, og tal så om det, som kunden interessere sig mest for, nemlig sig selv og de fordele han kan opnå.

Der er ingen, der vil købe noget, de ikke forstår.

Eksempel fra en benzinstation:
Kunden: "Goddag, jeg har tanket ved stander 3 – værsgo' – her er mit kort"

Forkert::
Ekspedienten; "Jo tak – Er der **andet,** jeg kan hjælpe med?"
Kunden: "Nej tak"

Rigtigt::
Kunden: "Goddag, jeg har tanket ved stander 3. Værsgo' her er mit kort"
Sælgeren: "Ja tak – **Hvad andet** kan jeg hjælpe med?"
Kunden: "Jo forresten, jeg vil godt lige have en bilvask"

Forkert::
Ekspedienten: "Skal det være Guld, Sølv eller Bronche?"
Guld, sølv og bronche er egenskaber.

Rigtigt::
Sælgeren: "Ja tak – Skal skal det være den bedste eller næst-bedste?"
Sælgeren taler et sprog, kunden kan forstå, og hjælper samtidig kunden til at træffe en beslutning, og hvis der er 5 vaskeprogrammer, så får han måske også kundens accept på den bedste eller næstbedste vask.

Det er det samme, når du bestiller en fadøl – Den kan fås stor, mellem eller lille, men tjeneren siger: "Ja tak – Skal det være en stor eller mellem?"

FORDELE

Fordele er de muligheder, kunden kan opnå gennem egenskaberne:
Fordele = hvad kunden kan opnå = købsmotiver

En produktbeskriver mener eller tror, at kunden oplever fordele ved at han nævner egenskaberne.

Når hussælgere fremviser et hus, siger nogle ofte til køberne: "Det her er stuen, det her er køkkenet og her er badeværelset" Hvis hussælgeren i stedet sagde: "Se jer lige lidt omkring i huset" og efterfølgende sagde til køberne "Hvad synes I bedst om?"

Så ville han få køber til at tænke positivt og mulighed for at behandle eventuelle indvendinger:

Køber: "Vi kan godt lide det og det, men vi kunne nu godt tænke os"

Forkert:

En produktbeskriver siger:

"Den her tørretumbler har 800 omdrejninger, og den her ved siden af har 1600 omdrejninger"

Rigtigt:

Sælgeren har som mål, at kunden oplever, hvad han kan opnå af fordele på grund af produktes egenskaber og siger:

"Den her tørretumbler tørre tøjet dobbelt så hurtigt, som den her.

Det er fordi, den har 1600 omdrejninger, og den anden har 800 omdrejninger."

Kunden skal opleve, hvilke fordele han kan opnå i dag og i fremtiden:

Eksempel:
Hr. og Fru kommer ind i en forretning for at købe en barnevogn.

Sælger: "Go'dag, Hvad kan jeg hjælpe med?"
Køber: "Vi vil gerne se på en barnevogn"
Sælger: "Hvad har I af krav og ønsker til en barnevogn?"
Køber: "Det har vi ikke lige talt nærmere om"
Sælger: "Har I tidligere haft en barnevogn?"
Køber: "Ja, men den blev slidt og blev afleveret på genbrugspladsen"
Sælger: "Jeg forstår på jer, at I gerne vil have en barnevogn, I kan få glæde af både nu og fremover?"
Køber "Ja, det vil være en god ide'"
Sælger: "Så er der to modeller, jeg gerne vil vise jer –"

Der er rigtig mange barnevogne i forretningen, men sælger er problemløser – Han spørger og lytter, og han præsenterer to løsninger, så køber ikke bliver forvirret over at skulle se 17 forskellige barnevogne.

Hvilke fordele kan en kunde være interesseret i at opnå:

at opnå færre omkostninger

at undgå uventede omkostninger

at arbejde mere enkelt

at arbejde mere behageligt

at opnå bedre trivsel.

at opnå pænere miljø.

at opnå mere prestige.

at opnå større fortjeneste

at opnå større sikkerhed

Afslutningsfasen

Afslutningsfasen har til formål, at du opnår kundens købsaccept.

Før du stiller afsluttende spørgsmål, skal du sammenfatte de ting, du og kunden blev enige om.

Du skal ikke foretage afslutningsforsøg, før kunden har forstået fordelene og udbyttemulighederne og er kommet med købssignaler.

KØBSSIGNALER

I salgssamtalen er kunden ofte betydelig nærmere en positiv afgørelse, end vi som sælgere selv tror.
Men vi opfanger kundens købssignaler for dårligt, fordi vi er optaget af at tale til kunden.

Spørgsmål:
Ethvert spørgsmål fra kundens side bør du tolke som interesse.
Kunden udviser interesse med f. eks. følgende spørgsmål:
Kan man opnå?
Er det muligt at?
Kan det lade sig gøre?
Hvad betyder det for os?
Hvordan kan jeg også –?
Hvad kan jeg opnå?

Kunden viser interesse for **løsningen** med f.eks. følgende spørgsmål:
Hvad koster det?
Hvornår kan I levere?
Kan I også?
Hvilken service yder I på –?
Skal vi betale for?

Når kunden stiller spørgsmål, som indicere købssignaler, skal du altid besvare det med et modspørgsmål, som leder kunden hen mod en afgørelse.

Kunden: "Skal jeg betale for transporten?"
Sælger: "Ja, det skal du – Hvornår passer det dig bedst, at vi kommer med varen "På mandag eller er tirsdag bedre?"

Når kunden eksempelvis siger:
"Det ser godt ud"
"Det lyder godt"
"Det forekommer interessant"
"Det er fantastisk"

Ved omhyggeligt at registrere tonefald og ansigtsudtryk, nik og håndbevægelser har du mulighed for at aflæse eventuelle købssignaler.

I disse situationer sammenfatter du kort hvilke fordele kunden kan opnå og stiller beslutningsspørgsmål ved brug af alternativteknik.

Med alternativteknik gør du det lettere for kunden at træffe en beslutning:

"Ønsker du varen leveret med eller uden?"
"Vil du foretrække – eller ønsker du –?" …
"Hvad synes du bedst om den eller den?"

Indtil du har fået accept på de første behov brug da ordet **Hvis** så du ikke virker påtrængende: "Jeg kan forstå på dig, at det du lægger vægt på er -?"
Kunden: "Ja, det er rigtigt"
Dig: "**Hvis** jeg kan"

Når du har fået accept på de første behov siger du **Når** – Du tager nu kundens køb for givet.
"Når vi kommer med varen, er det så bedst, at vi leverer formiddag eller eftermiddag?"

Skulle kunden, på alternativ spørgsmålene svare negativt, vil han ofte forklare hvorfor, og du får så mulighed for at behandle indvendingen.

Behandling af indvendinger:
Målet med behandling af indvendinger er, at du får klarlagt, på hvilket eller hvilke områder kunden ikke er overbevist.

Indvendinger kan du behandle, før de kommer ved f.eks. at sige
"Nogle mener" eller du kan udskyde behandlingen ved at sige "Vent lige et øjeblik" og så styrer du samtalen tilbage på sporet.

Indvendingen kan være udtryk for:

Behov – har ikke brug for varen

Økonomi – vil eller kan ikke betale for produktet eller ydelsen.

Er godt tilfreds med nuværende leverandør.

Tror ikke på eller er ikke overbevist om fordele og udbyttemuligheder.

Vil presse dig som sælger.

PRISEN

Kundens spørgsmål om pris er ofte kun en vanehandling. Kunden skal ikke tage stilling til prisen, så længe oplevelsen af fordelene er for lille eller ikke er erkendt af kunden.

Kunden skal opleve, at de fordele han kan opnå, vejer mere end prisen.

Eksempel:
I begyndelsen af samtalen:

Forkert:
Kunden: "Hvad koster det her køkken?"
Sælger: "Det koster 90.000, men I kan også få et til 60.000"
Sælger er prisbeskriver, og får et problem, for kunden husker den billigste pris.

Rigtigt:
Kunden: "Hvad koster det her køkken?"
Sælger: "Selvfølgelig er prisen interessant, men skal vi ikke først lige prøve at finde ud af, hvad I har tænkt jer?"

Midt i samtalen spørger kunden:
Kunden: "Hvad bliver prisen inklusive hårde hvidevarer?"
Prisen må ikke stå alene, så du oplyser prisen, men pakker den ind i fordele og slutter så med et alternativt spørgsmål –

Prissandwich:
Fordel
Pris
Fordel
Alternativ teknik

Kunden: "Hvad bliver prisen inklusive hårde hvidevarer?"
Sælger: "Fordelen ved dette køkken er –
Prisen er 70.000 kr.
Yderligere opnår I den fordel at –
Hvilken type bordplade foretrækker I?
Skal det være bordplade A? eller B?"

Sidst i samtalen spørger kunden:
Kunden: "Hvad bliver prisen inklusive hårde hvidevarer?"
Sælger: "Det bliver 70.000 inklusive hårde hvidevarer og med en hyldekarrusel i hjørneskabet, eller 68.000 kr. uden karrusel – Hvad vil I foretrække, skal det være med eller uden karrusel i hjørneskabet?"

Med et alternativt spørgsmål styrer du kundens tanker hen på et område, der for kunden er lettere at tage stilling til, så sørg for at få købsaccept på et underpunkt, der for kunden er lettere at tage stilling til i stedet for til hovedproduktet.

Nogle hurtige og effektive afslutninger:

"Hvad koster det?"
"Det bliver kr. – **Hvad andet** kan jeg hjælpe med?"

"Hvad koster det?"
"Det bliver kr. –"
"Hvordan ønsker du at betale, kontant eller med kort?"

"Det er dyrt"
"Ja, Hvad andet kan jeg hjælpe med?"

"Det er dyrt"

"Ja, det er ikke alle, der har råd til at købe kvalitet – Hvad andet kan jeg hjælpe med?"

"Det er **for** dyrt"

"Det er jeg ked af at høre – Har du noget imod at fortælle mig, hvorfor du synes, det er for dyrt?"

Sælger du langvarige forbrugsgoder, så regn prisen ned:

Forkert:

Kunden: "Hvad koster huset?

Sælger: "Det koster 4 millioner"

Rigtigt:

Kunden: "Hvad koster huset?"

Sælger: "Med en udbetaling på 150.000,- koster det 12.500 kr. pr. måned i husleje – **H**vad er jeres husleje i dag?**"**

Ved udbytte regner du op:

"Med en varmepumpe sparer I ca. 500 kr. pr. måned eller 6.000 kr. om året"

Kunden skal opleve, hvad han kan spare over tid.

RABAT

Når kunden spørger om rabat:
Kunden: "Hvad får jeg i rabat?"
Sælger: "Jeg kan godt forstå, du spørger, men prisen er i forvejen nedsat – Skal varen pakkes i gavepapir eller –?"

Kunden der kun vil købe, hvis han får rabat:
Hvis muligt, så forsøg at give rabatten i form af et produkt eller en serviceydelse.
Kunden vil opleve varens bruttopris som rabat, men du har en anden indkøbspris.

Undlad at give rabat i procenter.
"Sidst jeg handlede her, fik jeg 10%"

Når du bliver presset til at yde rabat enten på et produkt eller en serviceydelse så forlang **altid** noget til gengæld.

Køber: "Hvad får jeg så i rabat?"
Sælger: "**Hvis** jeg kan tilbyde dig en form for afslag, er vi så enige om, at det er den her løsning, du er interesseret i?"
Kunden må ikke få mulighed for at ændre på det aftalte.
Køber: "Ja, det er vi"

Sælger: "Jeg kan tilbyde dig fri levering under forudsætning af, at du afgiver ordren nu, hvornår passer dig dig bedst, at vi levere, i morgen formiddag eller er det bedre engang i morgen eftermiddag?"

Køber: "Hvad får jeg i rabat?"
Sælger: "Jeg kan tilbyde dig en kontantrabat på 1.000 kr. under forudsætning af, at du også køber – Hvad vil du foretrække, på den måde – eller på den måde?"

Den barske kunde:
"1.000 kr. det er for lidt"
Hvis du accepterer yderligere rabat mister du tillid – så stå fast på dit tilbud.

Derfor bør du i samtaleforløbet spørger og lytter til kundens krav og ønsker og som noget naturligt tale om to løsninger.

Løsning a Opfylder dine **krav og ønsker** og koster 5.000 kr.
Løsning b Opfylder dine **krav** og koster 3.000 kr.
Hvilken løsning passer dig bedst?

Du tager samtalemæssigt for givet, at kunden vil købe, men giver kunden mulighed for selv at vælge mellem de 2 løsninger.

Hvis du kun præsenterer en løsning, og kunden synes det er for dyrt, så skal du til at starte helt forfra og samtidig argumentere for, at en ny og billigere løsning også er udmærket – Kunden bliver usikker og kan måske ikke beslutte sig.

To løsninger giver dig også en bedre mulighed for forhandling:
Kunden: "300 kr. i rabat, det er for lidt"

Sælger: "På løsning a kan jeg tilbyde dig en kontantrabat på 350 kr. og på løsning b kan jeg tilbyde 150 kr. begge under forudsætning af, at vi indgår aftalen nu, hvilken løsning vil du foretrække?"

Sikker prisbehandling er i højere grad at få kunden til at opleve, hvad han opnår gennem dit tilbud, end hvad løsningen koster.

Nu er du godt på vej til salgs- og resultatmæssigt at bli-ve nr.1

KALA

Men inden du læser videre, skal du lige nærlæse KALA

Den er let nok at forstå, men det kræver træning og øvelse at bruge den.

KALA

K = Krav
At afdække kundens krav og ønsker (Spørg med hv ord og lyt)
"Hvad har du af krav og ønsker – Hvad har du tænkt dig?"

Kunden oplyser eller siger:
"Det er jeg ikke helt klar over"
"Hvad bruger eller benytter du i dag?"
(Få oplyst kundens nuværende situation)

A = accept
At du har forstået kunden, og kunden har forstået dig – at I ikke taler forbi hinanden.
"Jeg kan forstå, at det du lægger vægt på er –?"
"Hvis vi kan klare det –"
Tid: "Hvornår har du tænkt dig, at produktet/ydelsen skal leveres?"

Økonomi: "For at jeg kan finde frem til den bedst mulige løsning, kan du så ikke lige fortælle mig, hvor meget du har du tænkt dig at investere?"

For at undgå at præsentere løsninger, som kunden ikke kan eller vil betale for.

Forhåndsaccept: "Hvis jeg kan opfylde dine krav, kan vi så lave en aftale?"

Hertil kan kunden sige "OK" – eller "Det vil jeg overveje nærmere"

"Hvad er baggrunden for, at du vil overveje det?"

"Jo, jeg vil også lige have en pris fra firmaet NN"

"Det firma kender jeg godt, men hvis min løsning er den der bedst opfylder dine krav og ønsker, går jeg ud fra, at vi kan lave en aftale?"

Hvis kunden ikke kan sige ja hertil, så vurder, om du er på vej til at spilde din tid.

L = løsning

Præsenter 2 løsninger.

"Ud fra dine oplysninger vurderer jeg, at der kan blive tale om 2 løsninger – Skal vi lige sammen prøve at gennemgå dem?"

Den ene løsning opfylder kundens **krav og ønsker,** den anden løsning opfylder kundens **krav.**

A = accept

Kundens købsaccept på én af de foreslåede løsninger – få eventuelt kundens accept ved brug af "underpunkter" – punkter – der for kunden er lettere at sige ja til end til hovedproduktet.

Eksterne sælgere:

Professionelt salg er de aktiviteter, der er nødvendige i dit opsøgende salgsarbejde, overfor emner du gerne vil have som kunder, eller kunder med hvem du gerne vil udvide dit samarbejde, men hvor du ikke har nogen særlig indgang.

Det vil sige, at du gennem hele salgsforløbet må arbejde kvalitetsmæssigt og professionelt.

Om din forberedelse:
Du må være analytisk, før du kan være kreativ.
Det er en selvfølge, at du på nettet og f.eks. også på et data base program søger viden om den virksomhed, du vil kontakte.

På baggrund heraf kan du gøre dig nogle overvejelser om samtaleindholdet – Men husk, det er kundens situation, krav og ønsker – som danner udgangspunktet, ikke det, du har fundet ud af ved skrivebordet.

Arbejd i dybden, hellere færre godt forberedte salgsbesøg end halvhjertede besøg der ikke fører til ordre.

Du er ansat som ekstern sælger i firmaet Supply A/S
I sælger hydraulisk udstyr til løftemateriel og løftegrej til blandt andet maskinfabrikker.
Du har på nettet søgt og fundet et interessant emne – Jensens Maskinfabrik, som fremstiller kraner til lastbiler, svingkraner, transportvogne og palleløftere.
Jensens Maskinfabrik er ikke kunde hos jer i dag.

Det er er udtryk for manglende respekt for kunden og kundens tid at komme brasende uanmeldt.
Så når du har fundet frem til relevante nye kundeemner, må du i gang med telefonen.

TELEFONKONTAKT

Vanskeligheder ved telefonkontakt:
Forkert ordvalg
Fagudtryk
Du taler for hurtigt
Du taler for utydeligt
Samtalen er ikke planlagt

Første telefonkontakt til ønskede nye kunder:
(Uden forudgående fremsendelse af brev eller brochuremateriale)

Det vigtigste er at få en aftale i stand, at få accept på et møde.

Når du ringer op:

Husk:
Nævn først dit firmanavn
Kunden kender bedre et firmanavn end dit navn.

Præsenter dig:
"Mit navn er – Jeg hedder – tal tydeligt og roligt.

Ordet senere
Kunden er måske ikke interesseret nu, men måske senere.

Ordet – "fordele"
Ingen køber egenskaber, alle køber fordele

Alternativ – teknik
I denne eller næste uge.

Du ringer til firmaet:

Omstillingen: "Det er Jensens Maskinfabrik"
Dig: "God dag, jeg ringer fra firmaet Sypply A/S, mit navn er Ole Jensen – *Vi sælger hydraulisk udstyr til løftemateriel og løftegrej til blandt andet maskinfabrikker* – Vil du være så venlig at fortælle mig, hvem der hos jer er indkøbsansvarlig?"
Omstillingen: "Det er Kurt Hansen – Øjeblik så stiller jeg lige om"
Dig: "Et øjeblik – er Kurt Hansens fornavn med K eller C?"
Måske skal du skriftligt bekræfte mødet, og folk bryder sig ikke om, at se deres navn stavet forkert.

Ofte vil du komme ud for, at omstillingsdamen siger:
"Hvad drejer det sig om?"
(Kurt Hansen vil ikke have telefoner stillet ind uden at vide, hvem der ringer og hvad det drejer sig om)

Dig: "Jo, jeg vil gerne tale med Kurt Hansen, om vi kan tilbyde firmaet nogle produkt – og leverandørmæssige fordele"
Omstillingen: "Kurt Hansen er optaget i et møde"

Dig: "Må jeg prøve at ringe igen senere – hvornår tror du, han bliver ledig?"
Omstillingen: "Kurt Hansen er optaget, men jeg kan da lige ligge lægge en besked"
(Du kan ikke forvente, at Kurt Hansen ringer tilbage, så du siger:)
Dig: "Det er pænt af dig, men jeg er noget optaget, så må jeg ringe igen senere?"
Du bevarer styringen.

Kurt Hansen tager telefonen:

Dig: "Goddag, det er fra firmaet Supply A/S, mit navn er Ole Jensen. *Supply sælger hydraulisk udstyr til løftemateriel og løftegrej til blandt andet maskinfabrikker,* og grunden til at jeg ringer er at jeg godt vil have lejlighed til at tale med dig, om vi nu eller senere kan tilbyde jer nogle produkt og leverandørmæssige fordele, som I måske ikke har i dag.
Kan vi aftale et møde f.eks. i uge … eller vil det være bedre engang i uge …?"

"Jeg vil gerne tale med dig" – det er samtalebalance – forkert: Jeg vil gerne fortælle"

"Nu eller senere" – det kan være, at det for Kurt Hansen ikke er aktuelt nu, men måske senere.

"Nogle fordele" – Ingen køber egenskaber, alle køber fordele.

"Som du måske ikke har i dag" – Du ved ikke, om du kan tilbyde nogle fordele, så brug ordet *"måske"*

I uge – eller vil det være bedre engang i uge – målet med alternativteknikken er, at Kurt Hansen ikke tænker på, om han vil sige ja til mødet, men på hvornår.

Måske spørger Kurt Hansen:
"Hvad er det for fordele?"
Eller:
"Hvad kan I, som andre ikke kan?"

Pas på at du ikke begynder med:
"Vi kan det, og vi kan det" – du begynder at tale om produkter – uden at kende kundens krav og ønsker.

Svar i stedet: "Det er vanskeligt for mig at besvare, før jeg kender dine krav og ønsker til produkter og til os som leverandør – Det er det, jeg gerne vil **høre og tale med dig om,** men hvis vi kan tilbyde dig nogle produkt og leverandørmæssige fordele, er der så noget, der udelukker et samarbejde med os?"

Eller:

"Er der så noget, der forhindrer at vi taler om det ved et møde?"

(Du prøver at sikre dig, at Kurt Hansen er reel – og ikke kun er interesseret i et kontroltilbud)

Kurt Hansen;

"Jeg er noget optaget, men ring i næste uge"

Dig: "Så ringer jeg i næste uge **så vi kan aftale nærmere**"

Kurt Hansen;

"Jeg kontakter jer, hvis det har min interesse"

Dig: "Det lyder godt – Hvis ikke jeg har hørt fra dig inden for 14 dage, må jeg så prøve at ringe igen?"

(Opfølgning, opfølgning og opfølgning)

Kurt Hansen:

"Det er pænt af dig at ringe, men det vil være spild af både din og min tid"

Dig: "Det er jeg selvfølgelig ked af at høre, men må jeg sende vores informationsmateriale?"

Kurt Hansen: "Det er du velkommen til"

Siger han nej tak, så nulstil ham.

Ellers sender du materialet, og ugen efter ringer du til Kurt Hansen:

"I sidste uge aftalte vi, at jeg måtte sende vores informationsmateriale. Jeg ringer lige for at høre, hvad du synes om det?"

Kurt Hansen: "Jeg har desværre ikke haft lejlighed til at læse det"

Dig: "Det er selvfølgelig også noget omfattende, så vil det ikke være bedre, om vi sammen gennemgår det ved et møde? Hvad med engang i denne uge eller er det bedre i næste uge?"

Her og i hele samtaleforløbet:
Aldrig for ivrig.
Kun tale neutralt om konkurrenter:
Kunden: "Jeg er køber hos …, og det er jeg godt tilfreds med."
Dig: "Det firma kender jeg godt, men hvis vi alligevel kan tilbyde dig nogle fordele, er der så noget, der forhindre, at vi sammen prøver at gennemgå, hvad du måske vil kunne opnå?"

Som indkøbschef er det Kurt Hansens opgave at holde sig orienteret om markedet og leverandører.

Telefonkontakt til eksisterende kunder:
Dine kunder får også henvendelser fra dine konkurrenter, og hvis du ikke viser dine eksisterende kunder interesse, er der risiko for, at kunden skifter leverandør.

Som interne sælger bør du og dine kolleger have en plan for, hvem af jer der kontakter eksisterende kunder, hvor formålet er at finde ud af: Hvem vil noget nu, hvem vil noget senere? At fastholde kunden – så kunden ikke er på vej ud af jeres "loyalitetscirkel"

Det er fra Supply, du taler med …

"Jeg ringer, fordi jeg godt vil tale med dig om, på hvilke områder vi nu eller senere kan udvide vores samarbejde.

Må min eksterne kollega kontakte dig, så I kan aftale en mødedato?"

Siger han ja, så er han positiv over for Supply, og vil gerne drøfte mulighederne for et yderligere samarbejde.

Kunden:"Jeg står ikke og mangler varer her og nu"

Dig: "Det var ærgerligt – Hvornår forventer du, at du skal have varer igen?"

Kunden: "Det skal jeg nok engang i næste måned –"

Dig: "Hvis jeg ikke har hørt fra dig inden … må jeg så kontakte dig for at høre, hvad du skal bruge?"

Kunden: "Det er du velkommen til"

(Du viser kunden interesse, og det kan de fleste godt li'

Kunden: "Det er pænt af dig at ringe, men det har ikke min interesse"

Dig: "Det er jeg da ked af at høre, det vil vi gerne vide lidt mere om – Kan vi aftale en et møde i den her uge, eller er det bedre i i næste uge?"

Emnet er måske på vej ud af loyalitetscirklen, så det er bare med at få ham besøgt.

(Du skal ikke i telefonen spørge ham om, hvorfor det ikke har hans interesse – Så puster han sig op og overbeviser sig selv om, at han ikke er interesseret)

I hele salgsforløbet – prioriter dine emner – Hvem vil noget nu, hvem vil noget senere, er det et A-, B- eller C-emne?

Tidsperspektiv:

	1	2	3
A			
B			
C			

Potentiale:

Mødet er aftalt, og du sender en mødebekræftelse:

Tak for telefonsamtalen mandag den – og vores aftale om et møde på jeres adresse:

Torsdag den – kl. 10.00

På mødet er vi enige om at drøfte på hvilke områder – vi nu eller senere kan etablere et samarbejde.

Jeg glæder mig til at hilse på dig, og ser frem til et interessant møde.

Med venlig hilsen

Du medtager til mødet en kopi af mødebekræftelsen og en kopi af Jensens Maskinfabriks hjemmeside.

KUNDEBESØG

Inden du henvender dig:
Læg mærke til området. Er der andre interessante firmaer i området?
Læg mærke til bygningen. Er den pæn, velholdt, nedslidt?
Parkeringsforhold, Er P-pladserne foran indgangspartiet reserveret til direktionen eller til gæster? (Hvem synes ledelsen, er de vigtigste personer i verden?)

Din henvendelse i receptionen

Mødet er aftalt til kl.10.00
Hvis du på deres hjemmeside har set, at der er gæstestole i receptionen, så overvej om du skal komme 15 minutter før. Der ligger ofte relevant informationsmateriale, og du nikker og smiler til de personer, der går forbi.

Dig: "Goddag, jeg har en aftale med Kurt Hansen kl.10,00 – Jeg kommer fra firmaet Supply A/S, mit navn er Ole Jensen – Værsgo' her er mit visitkort"

Receptionisten tænker som det første på, hvem du skal tale med.
Med et visitkort, bliver det mere personligt, i stedet for: "Din aftale er kommet"

Ved de i receptionen, at du kommer?
Hvordan er kommunikationen i firmaet?

Receptionisten: "Jeg kan da lige ringe og spørge Kurt Hansen, om han er ledig"

Dig: "Det er pænt af dig, men Kurt Hansen kan være opta-
get, så jeg vil gerne, om du vil vente med at ringe til et par
minutter i 10
Må jeg tage plads og vente?"
Receptionisten: "Det er du velkommen til -
Har du lyst til en kop kaffe?"
Dig: "Ja – tak" og du sætter dig.

Et par minutter i 10 ringer receptionisten til Kurt Hansen:
"Ole Jensen fra firmaet Supply er ankommet"

Kurt Hansen kommer ud i receptionen: "Goddag jeg hedder
Kurt Hansen, Velkommen"
Eller:
Receptionisten siger: "Nu er Kurt Hansen ledig, det er 3. dør
på højre hånd"
(Hvem af disse to personer vil du helst møde?)

Du afleverer din kaffekop til receptionisten, med et *"tak for
kaffe"*
Hun glemmer dig aldrig.

Første møde med Kurt hansen:

Det er her, det går galt for rigtig mange sælgere!

De begynder nemlig at fortælle om eget firma og egne for-
træffelige produkter, uden at vide, om kunden har brug for
disse produkter eller ydelser.

Samtaleforløbet:
Kunden bestemmer varigheden af mødet, men 1-1½ time.
Hvis flere mødedeltagere så bed om deres navne og deres
stillingsbetegnelser, og skriv det ned.

Sådan skaber du en god atmosfære:
Nævn kundens navn (dog højest et par gange eller tre i sam-
taleforløbet)
Smil – også med øjnene.
Hold øjenkontakt.
Vis 100% opmærksomhed.
Udvis sympati og vis at du accepterer og respekterer kunden.
Vis at du er glad og i harmoni.
Optræd afslappet og roligt.
Glem ikke ordet tak.

Udenomssnak/pølsesnak:
Som sælger er det ikke dig, der begynder på en gang uden-
omssnak – f.eks. om situationen i Danmark, vejret – eller
fodboldkampen i TV.
Men hvis Kurt Hansen spørger dig – om du så fodboldkam-
pen i aftes, siger du, selv om du så den: "Nej, det havde jeg
desværre ikke mulighed for. Hvordan gik det?"
Så fortæller Kurt Hansen gerne om kampen.

Husk: Der findes ingen upopulære lyttere, og de fleste vil gerne fortælle og høre sig selv tale.

Samtalen begynder:

Kurt Hansen: "Værsgo at tage plads. Har du lyst til en kop kaffe eller en vand?"

Dig: "Jo, tak" og du lægger mødebekræftelsen og Jensens Maskinfabriks hjemmeside frem foran dig.

Kurt Hansen: "Nå, hvad var det nu, vi skulle tale om?"

Dig: "Du peger på mødebekræftelsen. Jo, jeg vil gerne tale med dig om, på hvilke områder vi nu, eller senere kan etablere et samarbejde."

Eller:

Kurt Hansen: "Nå, hvad er det så for fordele, du kan tilbyde?"

Dig: Du viser firmaets hjemmeside- Det er lidt vanskeligt for mig at svare på, før jeg ved lidt mere om Jensens Maskinfabrik og dine krav og ønsker til produkter og til os som leverandør.

Så vil du ikke fortælle mig lidt om Jensens Maskinfabrik?"

Kurt Hansen begynder at fortælle om Jensens Maskinfabrik, og du kan evnt. supplere med nogle spørgsmål:

Hvem grundlagde firmaet?

Hvor mange ansatte er I i firmaet?

Hvem er jeres kunder?

Hvordan er konkurrencesituationen?

Hvilke lande sælger I til?

Hvad er er jeres firmaplaner nu og fremover?

Spørg Kurt Hansen, om det er OK, at du gør notater

(Kurt Hansen skal forstå, at du betragter hans oplysninger som vigtige, da du selvfølgelig skal bruge dem i jeres samarbejde)

Du husker sikkert, hvem vi hver især synes, der er den vigtigste person i verden, så nu spørger du lidt ind til Kurt Hansen:
"Jeg kan forstå, at det er dig, der er indkøbschef. Hvor længe har du været indkøbschef her i firmaet?"
"Ud over dig hvem er så medbestemmende med hensyn til indkøb?"
"Hvor var du beskæftiget tidligere?"
"Har du så måtte skifte bopæl?"
"Hvordan er du faldet til her i området?"

Hvis han svarer: "Vi er faldet godt til", så spørger du selvfølgelig om, hvem er vi, og du spørger så lidt ind til familien og måske familiens fritidsinteresser.
På denne måde får du skabt en god atmosfære og en god kontakt med Kurt Hansen, og han vil ved mødet og efterfølgende opleve dig som en behagelig person, netop fordi du interesserede dig for ham og firmaet.

Så ved at spørge, og især ved at lytte, får du interessante oplysninger om kunden og om firmaet.

Mange ordrer tabes, fordi sælger ved for lidt om kundens firma og om kunden.

Du har nu et godt kendskab til Jensens maskinfabrik og til Kurt Hansen, så du er klar til at gå videre:

Dig: "Du fortalte, at I fremstiller kraner til lastbiler, svingkraner, transportvogne og palleløftere.
Ud over disse produkter hvad fremstiller I så mere?"

Kurt Hansen: "Jo, vi har også en produktion hydrauliske donkrafte, støtteben og støtteplader, og så sælger vi også serviceaftaler og løftegrej."

Du ved nu noget mere om Jensens Maskinfabriks produktprogram og kan gå videre:

Vil du æde en elefant, må du spiser den i små mundfulde, ellers bliver du kvalt

Så Jensens Maskinfabrik tager du i små mundfulde, og du fortsætter:

Dig: "Hvilke produkter synes du, er de vigtigste, vi prøver at samarbejde om"
Kurt Hansen: "Jeg vil godt høre, hvad du kan tilbyde af hydraulik produkter, slanger, ventiler og fittings og også hvad du kan tilbyde af løftegrej"
Dig: "Hvilke krav har du til hydraulik -units?
Kurt Hansen: "Vores lastbilkraner løfter fra 3 til 9,5 tons, så du skal kunne levere hydraulik – units til disse størrelser, og så er det vigtigt, at I er konkurrencedygtige på kvalitet, pris, leverings og betalingsbetingelser."
Du noterer oplysningerne.
Dig: "Hvilke krav har du til slanger, ventiler og fittings?"

Kurt Hansen: "Her lægger vi også vægt på kvalitet og pris"

Dig: "Du fortalte, at I også sælger løftegrej – Hvilke artikler sælger i mest af?"

Kurt Hansen: "Det er lastbilsikring, taljer og spil, kroge til løft, løftebånd og løftebeslag"

Dig: "Det lyder interessant, for vi har et stort produktprogram inden for løftegrej, der også omfatter de produkter, du her nævner.

Hvad er dine krav til disse produkter og til os som leverandør?"

Kurt Hansen: "Produkterne skal opfylde lovens sikkerhedskrav. Priserne skal være konkurrencedygtige, og så lægger jeg vægt på leveringssikkerhed"

Beslutningsunderpunkter:

Er en betinget accept af et nærmere defineret samarbejde under forudsætning af, at nogle bestemte krav og ønsker til betingelser, service m.v. er opfyldt.

Dig: "Hvis vi kan tilbyde dig nogle produkt og leverandørmæssige fordele, som du ikke har i dag, er der så forhold der gør, at du og vi ikke kan indlede et samarbejde?"

For at sikre dig, at Kurt Hansen ikke kun er interesseret i et kontroltilbud.

Dig: "Jeg har noteret dine krav og ønsker til produkter og til os som leverandør. Så hvis vi kan opfylde dine krav, hvornår kan vi i givet fald så påbegynde et samarbejde?"

Kurt Hansen kan have leverandøraftaler, der først skal opsiges.

Dig: "Vil du være interesseret i, at jeg udarbejder et løsnings-forslag, som vi sammen kan gennemgå? – Hvad med en dag i næste uge eller er ugen efter bedre?"

Tilbud kommunikerer pris, løsningsforslag er en samtale om, hvordan du og kunden finder frem til den eller de for kunden rigtige løsninger.

Sender du løsningsforslaget pr. mail mister du styringen. Så sørg for, at du må aflevere og gennemgå det person-ligt.

Ved afslutningen af mødet:

Dig:"Er der mulighed for, at jeg må se firmaet i dag, eller er det bedre, når jeg kommer næste gang?"

Du viser interesse, og de fleste vil gerne vise firmaet frem

Eller:

"Tak for i dag, vi ses den …:"

Afslut ikke med hyggesnak som blot tager kundens og din egen tid.

Send et kort møderefarat:

Tak for mødet torsdag den –
Det var interessant at høre om Jensens Maskinfabrik og om jeres produktprogram, og ud fra dine oplysninger vurderer jeg, at I vil kunne opnå nogle interessante produkt – og leverandørmæssige fordele.

Som aftalt udarbejder jeg et løsningsforslag, som vi sammen gennemgår tirsdag den –
Såfremt jeg får brug for yderligere oplysninger, har vi aftalt, at jeg må kontakte dig.

Jeg ser frem til mødet og et positivt samarbejde.
Med venlig hilsen

KREATIVT LØSNINGSFORSLAG

Hvad er formålet med et kreativt løsningsforslag:

At kundeemnet bliver begejstret og erkender, at der er mange fordele og muligheder for ham ved at handle med dig og dit firma.

Væsentlige forhold ved udarbejdelsen af et Kreativt løsningsforslag:

Selv om kunden blot ønsker et tilbud på et produkt, svarende til det han har i dag, så analysér og drøft alligevel forventninger og ønsker til fremtiden.

En fremtidsvurdering vil næsten altid vise, at løsningen er anderledes, end kunden tror.

Hvis du kan, så foreslå en faseopdelt løsning, dvs. en "her-og-nu"-løsning og en fremtids løsning.

Brug ved udarbejdelsen af dit løsningsforslag:

Hjernen.

Den kreative proces i dit hoved.

Din viden om kundens forhold, nuværende situation – og fremtidsplaner.

Din viden om jeres produkter og formåen.

Din viden om dine konkurrenter og deres produkter.

Din sunde fornuft.

Det vigtigste er, at du dokumenterer, at du har gjort alt for at hjælpe kundeemnet. (serviceniveau)

Din og dit firmas faglige dygtighed.

I dit løsningsforslag bør du have mindst et punkt, hvor du angiver to alternativer til en senere prøveafslutning på produkter eller serviceydelser.

Du får ordren, hvis du tager dig god tid til at sætte dig ind i kundens situation, krav og ønsker, og hvis du forstår at bruge denne viden i dit salgsarbejde.

Tilbudsgivning:

Hvis kunden efter gennemgang af dit løsningsforslag ønsker et tilbud:

Mange firmaer og virksomheder udarbejder informative brochurer, der er er skrevet i et indbydende og forståeligt sprog. Men når man læser og gennemgår forskellige tilbud, bliver man ofte skuffet.

Ofte er tilbuddet med stor teknisk faglig dygtighed formuleret ud fra ydelsens eller produktets egenskaber, men man glemmer helt at fortælle om købers fordele og udbytte.

Dit tilbuds form og indhold er derfor i mange situationer afgørende for, om du får ordren.

Hvis du skal begrunde en højere pris, eller at netop du og dit firma er den rette leverandør, ja så kræver det omtanke og en vis indsats at udarbejde et godt tilbud.

Men i form af flere ordre er det indsatsen værd.

Gennem hele forløbet må du ikke miste styringen, du skal have bolden.

Når du sender dit tilbud, mister du styringen af det videre forløb.

Tilbuddet kommer måske til vurdering og bedømmelse hos personer, som du aldrig har mødt, og som tilbudsgiver må du forudse, at tilbuddet cirkulerer.

Hvem er med til at bestemme og hvad vil de vide?
Du må forudse og tage højde for, at dersom der hos køber er flere beslutningstagere, kan deres informationsbehov være forskelligt.

Hvem er f.eks. den overordnede beslutningstager?
Hvem er den funktionsansvarlige?
Hvem er brugerne?
Hvem er den økonomiske ansvarlige?

Hvis du vil vække købers interesse og opnå en præference for dit produkt og dit firma, må du sætte dig i beslutningstagerens sted og omforme dit produkts egenskaber til fordele og udbyttemuligheder.

Forsøg om du kan gøre udbyttemulighederne op i sparede omkostninger eller forøget indtjening.

Køber vil bemærke det, for dine konkurrenter vil som regel ikke have gjort sig den ulejlighed, og på den måde gør du det meget nemmere for beslutningstageren at vælge dig som leverandør.

Gode ord at bruge til løsningsforslag og tilbud:

Økonomi:
Gratis, resultater, overskud (spare/tjene)
Investering:
Kendte omkostninger.
Sikkerhed for kunden:
Beviseligt, garanti, dokumenteret, mindre risici, sikkerhed for –
Ønsker:
Sikkerhed/tryghed
Andre forhold:
Lettelser, besparelser, ny, nyhed
Vi giver besked når –
Nyttig information
Personlig service:
Professionel rådgivning

Tilbuddets disposition:

Tilbuddets disposition bør selvfølgelig tilpasses dit firmas forhold og kundens situation.

Der er jo ikke ligegyldigt, om det er en kort – eller langsigtet investering, eller om der er en eller flere personer der træffer afgørelsen.

Men et udgangspunkt kan være:

Forside:

Tilbuddets indhold er selvfølgelig det vigtigste.

Men emballagen og formen hvorunder det præsenteres er bestemt ikke uvæsentlig.

Af forsiden bør fremgå:

Dit Firmanavn

Navnet på din kontaktperson

Emnet for tilbuddet

Sæt dig i modtagerens sted og vurder hvordan du som modtager ville se på forsidens opstilling som et betydnings-fuldt dokument.

Indholdsfortegnelse:

Hvis der er flere beslutningstagere, skal de let kunne orien-tere sig i tilbuddet.

Udarbejd nogle overskrifter i indholdsfortegnelsen der pe-ger mod de forskellige typer af beslutningstagere.

I indholdsfortegnelsen skal du også nævne alle bilag.

Indledning:

Her skriver du om de forhold hos kunden, der gjorde det aktuelt at udarbejde tilbuddet. Det er her, du må vise, at du har forstået kundens situation. Brug gerne et ordvalg, så din kontaktperson kan genkende sine egne udsagn.

Løsningen:

Beskriv din løsning præcist, men uden brug af overflødige fagudtryk.

Hvilke fordele og udbyttemuligheder den enkelte beslutningstager vil kunne opnå med din løsning.

Dit firma som leverandør:

Her skal du som tilbudsgiver dokumentere og argumentere for, at netop dit firma vil være den meste ideelle leverandør.

Gyldighedsperiode:

Husk at angive tilbuddets gyldighedsperiode.

Underskrift:

Som sælger underskriver du tilbuddet – Det skal være nemt for kunden at acceptere tilbuddet.

Bilag:

Alt hvad der medfølger af specifikationer af teknisk og økonomisk art.

Øvrige bilag til tilbuddet

Vedlæg en brochure som fortæller om, og viser det eller de produkter dit tilbud omhandler.

Har I en en brochure, der beskriver dit firma, vil det kunne støtte og fremhæve dit firma som en kompetent leverandør.

Tilbuddets stil:
Forsøg at finde en stil som passer til kunden.
F.eks. skal en forsigtig kunde have garantier hvorimod en dynamisk kunde vil lægge mere vægt på øgede muligheder.
Dersom det er muligt, så brug også illustrationer.
Mange forstår billeder, kurver og figurer bedre end tal.

Du skal skrive i købers sprog:
Dit budskab skal skrives i en form, som modtageren er fortrolig med.
Der er ingen, der vil købe noget, de ikke forstår.
Så undgå at bruge fagudtryk som kunden ikke kender.
Derimod kan du godt med rimelighed bruge nogle fagudtryk fra købers branche, hvormed du kommunikerer, at dit tilbud netop er tilegnet ham.
Men det kræver, at du som sælger forstår at sætte dig ind i kundens situation, og det kræver, at du forstår og er indstillet på at skrive individuelle tilbud på baggrund heraf.

Det er svært at træffe beslutning:
I alt salg – og således også i tilbudsgivning – gælder det om at gøre beslutningen så nem for køber som mulig.

Sælg også prisen:
En løsning med en tilhørende finansieringsopstilling, og en udregning af en periodisk ydelse, sammenholdt med investeringens udbytte, vil i høj grad lette beslutningen.
Har du mulighed for at opstille og udregne alternative finansieringsforslag, giver det dig mulighed for at drøfte og få accept på et underpunkt – og dermed få ordren.

Men alt for ofte har sælgere bildt sig selv og hinanden ind, at prisen er altafgørende.
De sælgere, der har og fortsætter med at have den mening, bør vurdere, om de ikke hellere skal beskæftige sig med noget andet end salg – for sælgere bliver de aldrig.

Når du hellere skal lade være:
Det koster ressourcer at udarbejde gode og kreative tilbud. Så med mindre du har en god acceptchance, så lad være.
Hellere færre men godt gennemarbejdede tilbud – end en række rutinetilbud der ikke rammer plet.

Hvad kan konkurrenterne:
Din viden om dine konkurrenter, deres produkter og adfærd bør indgå i dine taktiske overvejelser.

Afslut aldrig dine tilbud med: "Jeg håber at høre fra dig"

Ordet håber bruges i en helt anden branche.

Skriv i stedet for:"Jeg ser frem til et positivt samarbejde, og har jeg ikke hørt fra dig senest fredag den – slår jeg lige på tråden, så vi kan aftale nærmere."

FORHANDLINGS- OG AFSLUTNINGSTEKNIK

Forhandlingsteknik:
Forhandling drejer sig om teknik, hvor viden er magt.
Viden bygger på oplysninger og på erfaring.

Forhandlingskunstens vigtigste principper:
Du skal ikke forhandle, hvis du ikke er nødt til det
Gør ikke forretninger med folk, der ikke vil forhandle regulært – Det er livet for kort til.
Vær velforberedt.
Brug din styrke, men forsigtigt i begyndelsen.
Sørg for at have lidt spillerum.
Lyt i stedet for at tale.
Sørg for at have føling med modpartens forhåbninger.

Analyse:
Analyser modpartens situation, find frem til de fordele ved dit forslag, der vægter mest.
Sørg for, at det er den rigtige person du forhandler med – Mange på mellemniveau har ofte lov til at sige "nej" uden at have bemyndigelse til at sige "ja"

"Det er udmærket at have ry for at være en gentleman, men det er altid de professionelle, der vinder."

Analyse af styrkeforholdet:
Overvej i enhver forhandlingssituation styrkeforholdet.
Skal du i forhold til den anden part forhandle ud fra en stærk eller en svag position?
Forsøg at finde udvej for at bygge din styrke op i forvejen, og vær opmærksom på, at styrkeforholdet vil og kan være skiftende i forhandlingen.

Jo grundigere du forbereder dig, jo stærkere står du.

Afslutningsteknik:

Foretag en prøveafslutning:

En forholdsvis uskyldig og meget naturlig afprøvning af kunden inden den formelle afslutning.

En ud af følgende muligheder:

Få en accept på en detalje under anvendelse af alternativ-metoden.

Indskrænk valgmulighederne – "Vi er så enige om, at det skal være …"
Antag at ordren selvfølgelig bliver din.
"Hvad andet kan jeg hjælpe med?
"Hvordan ønsker du at betale, ved levering eller på konto?"

Når kunden viser sig klar til at beslutte sig enten ved købssignaler eller ved hans respons på en prøveafslutning, så er afslutningen sket, og du kan foretage den formelle afslutning.

Den formelle afslutning:
Det kan gøres på mange forskellige måder:

Alternativmetoden pkt.1
"Hvornår passer det dig bedst, at vi levere, i morgen formiddag, eller er det bedre over middag?"

Bed om ordren.
"Kan vi aftale et samarbejde på dette grundlag?"

Sum af fordele
Opsummering af alle kundens fordele og så pkt. 1

Udelukkelsesmetoden
"Flere indvendinger?" og så pkt. 1

En halv Nelson
Brug af en indvending til at låse kunden (Kunden: "Jeg vil give –"
Dig: "Hvis jeg kan … er vi så enige om.?"

Den logiske følge
Påvis at løsningen lever op til kundens krav og ønsker.og så pkt. 1

"Ugens tilbud"
En fordel som fortabes, hvis ikke nu.

Skræmmemetoden
Spille på frygten for noget
"Hvad nu hvis"
Sove roligt om natten

Når du har formuleret din afslutning, så ti'-stille – også selv om der går nogen tid.

Kundens nej afslutter ikke samtalen.
Så må du spørge om, hvad han ikke kan lide

Et eksempel:
Ved slutningen af tilbudsgennemgangen:

"Den gennemgåede løsning lever op til dine krav og ønsker – Den vil som vist give dig nogle betydelige fordele, og den vil især medvirke til, at i får en bedre …

Se og hør efter købssignaler:

Foretag en prøveafslutning:
"i mit tilbud var jeg lidt i tvivl om, hvem jeg skal aftale leveringen med – Er det med dig, eller skal jeg aftale det med (bruger) Petersen?"

Bingo

En helt naturlig formel afslutning:
Ikke ryste på hånden eller stemmen.
Se kunden i øjnene og smil lidt og sig så:
"Jeg har medtaget og underskrevet aftalen – du skal skrive på linen nederst til højre."

Opfølgning:

Salg kan sammenlignes med kunstskøjteløb.
Der gives point for sværhedsgrad og stil.

Hvis ikke du fik købsaccept ved mødet bør du selvfølgelig foretage en opfølgning.

Forkert: ”Jeg ringer lige for at høre, hvad du synes om tilbuddet?”
Kunden: ”Jeg synes det er for dyrt”

Rigtigt: ”Jeg ringer lige for at høre, hvornår det bedst passer ind i din tidsplan, at vi leverer?”
”Jeg ringer lige for at høre, hvad jeg ud over tilbuddet kan hjælpe med?”

”Jeg ringer lige for at høre, hvad der skal til, for at vi kan afslutte mit tilbud?”

Hvis kunden ikke er er beslutningsklar, skal han nok fortælle dig hvorfor, og så får du mulighed for, at lytte til og behandle hans indvendinger.

Hvis du får afslag:

Du og dit firma har gjort et stykke arbejde for kunden, og så er det vel kun rimeligt, at du får at vide, hvorfor du ikke fik ordren.

Og du skal ikke lade dig nøje med, at køber oplyser, at din pris var for høj – Det er for let for køber at slippe på den måde.

Gennemgå dit tilbuds hovedargumenter med kunden og prøv så at finde ud af den egentlige årsag til købers afvisning. Måske kan du fremover ændre vilkår eller taktik – Næste runde er din.

God arbejdslyst !

Med venlig hilsen

Jens Bornø
jb@bornoe.dk